Nuestra comunidad global

Hogares

Cassie Mayer

Heinemann Library
Chicago, Illinois

Designed by Joanna Hinton-Malivoire
Photo research by Ruth Smith
Printed and bound in China by South China Printing Co. Ltd.
Translation into Spanish produced by DoubleO Publishing Services

11 10 09 08 07
10 9 8 7 6 5 4 3 2 1

The Library of Congress has cataloged the first edition of this book as follows:
Mayer, Cassie.
   [Homes. Spanish]
   Hogares / Cassie Mayer.
      p. cm. -- (Nuestra comunidad global)
   Includes index.
   ISBN 1-4329-0441-8 (hb - library binding) -- ISBN 1-4329-0450-7 (pb)
   1. Dwellings--Juvenile literature. I. Title.
   GT172.M3918 2007
   392.3'6--dc22
                              2007022303

Acknowledgements
The publishers would like to thank the following for permission to reproduce photographs: Alamy Images pp. **9** (blickwinkel), **13** (DY Riess MD), **15** (photoz.at), **16** (Neil McAllister), **17** (Anders Ryman), **20** (Petr Svarc), **23** (photoz.at); Corbis pp. **6** (Jan Butchofsky-Houser), **10** (Bo Zaunders), **11** (J. Scott Smith/Beateworks), **14** (Jan Butchofsky-Houser), **18** (Jacques Langevin), **19** (Michael S. Yamashita), **21**, **23** (Jacques Langevin); Getty Images pp. **4** (Iconica), **5** (Image Bank), **7** (Stone), **8** (Iconica), **23** (Iconica); Lonely Planet Images p. **12** (Ariadne Van Zandbergen).

Cover photograph reproduced with permission of Getty Images/Imagebank. Back cover photograph reproduced with permission of Lonely Planet Images/Ariadne Van Zandbergen.

Every effort has been made to contact copyright holders of any material reproduced in this book. Any omissions will be rectified in subsequent printings if notice is given to the publishers.

The paper used to print this book comes from sustainable resources.

Contenido

Hogares del mundo entero

Las personas viven en hogares.

Hay hogares grandes y pequeños.
Hay hogares altos y bajos.

Tipos de hogares

Hay hogares que están cerca unos de otros.

Hay hogares que están muy lejos
unos de otros.

Hay hogares en lugares calurosos.

Hay hogares en lugares fríos.

Hay hogares que son viejos.

Hay hogares que son nuevos.

Hay hogares que están hechos
de lodo.

Hay hogares que están hechos
de piedra.

Hay hogares que están hechos
de palos.

pilote

Hay hogares que están sobre pilotes.

Hogares especiales

Hay hogares que flotan en el agua.

Hay hogares que están en lo alto
de los árboles.

Algunos hogares se pueden mover de lugar.

La mayoría de los hogares
permanecen en el mismo sitio.

Los hogares son diferentes en todo
el mundo.

Todos los hogares dan refugio.

¿De qué están hechos los hogares?

- La madera viene de los árboles.

- Las piedras vienen del suelo.

- El lodo viene de la tierra.

- Los ladrillos están hechos de arcilla. La arcilla es lodo que se calienta para hacer ladrillos duros.

- El cemento está hecho de gravilla, arena y agua.

Glosario ilustrado

 **hogar** el lugar donde vives

 **refugio** seguridad

 **pilote** poste sobre el que un hogar se apoya. Los pilotes mantienen los hogares por encima del agua.

Índice

Nota a padres y maestros

Esta serie abre los horizontes de los niños más allá de sus vecindarios para mostrarles que las comunidades en todo el mundo comparten similares características y rituales de la vida diaria. El texto ha sido seleccionado con el consejo de un experto en lecto-escritura para asegurar que los principiantes puedan leer los libros de forma independiente o con apoyo moderado. Unas fotografías impresionantes refuerzan visualmente el texto y el material capta la atención de los estudiantes.

Usted puede apoyar las destrezas de lectura de no ficción de los niños ayudándolos a usar el contenido, el glosario ilustrado y el índice.